Peter J. Heuser

Das Geheimnis der Insel

Bibliografische Information der Deutschen Nationalbibliothek

Die Deutsche Nationalbibliothek verzeichnet diese Publikation
in der Deutschen Nationalbibliografie; detaillierte bibliografische
Daten sind im Internet über http://dnb.d-nb.de abrufbar.

1. Auflage, Dezember 2021

Buchgestaltung: Ralf Wolf
Layout & Satz: www.autorenservice.net

Herstellung und Verlag:
BoD – Books on Demand, Norderstedt

ISBN 978-3-755751-48-9

Peter J. Heuser

Das Geheimnis der Insel

Geschichten & Gedichte

Peter J. Heuser

geboren 1940 in Bremen
lebte in Köln, Düsseldorf, Frankfurt/M. und Kerkrade/NL
heute lebt er in Aachen
schreibt Prosa und Lyrik
Veröffentlichungen in Zeitungen, Magazinen und Rundfunk
Fünf Gedichtbände (siehe ab S. 82)

Inhalt

1 | Haus in den Dünen   9

2 | Mord in den Dünen   29

3 | Land unter   47

4 | Waldfrieden   65

Verzeichnis aller Geschichten/Gedichte   79

1

Haus in den Dünen

Haus in den Dünen

Das kleine Haus scheint sich verängstigt in den Dünen zu ducken. Unter dem reetgedeckten Dach liegt mein Arbeitsraum, von dem ich hinausschaue – auf das wogende und schäumende Meer.

Ich sehe, dass dunkle Wolken über den Himmel treiben und Möwen krächzend im Wind segeln, höre das Rauschen der See und die Melodie des Windes, der den Strandhafer kämmt und feinen Sand gegen die Fensterscheiben bläst.

Mein Blick fällt auf das vor mir liegende leere Blatt, das mich erwartungsvoll anschaut, und es dauert nicht lange, bis meine Hand in Bewegung gerät und über das Papier gleitet.

Bald ist es gefüllt mit meinen Gedanken, die flüchtig umherziehen und entschwinden, wenn ich sie nicht sofort einfange.

Das Geheimnis der Insel

Diese Insel barg ein Geheimnis, davon war ich überzeugt, nachdem ich mit den Menschen des Dorfes, in dem ich einige ruhige Tage verbrachte, in Kontakt kam. An den Abenden trank ich in der Dorfkneipe mein Bier und wurde von den Einheimischen an den Stammtisch gebeten. Sie waren neugierig, denn zu dieser Jahreszeit verirrten sich selten Gäste in den abgelegenen Küstenort. Ich erzählte, dass ich eine Reportage über das Leben am Meer schreiben möchte. Sie machten mich mit dem Bürgermeister bekannt, der mir empfahl, mit den Leuten zu reden und mich umzusehen.

„Nur zur Insel Neusand sollten Sie nicht fahren, das ist Vogelschutzgebiet, das Betreten verboten", sagte er.

Ein Alter zog mich zur Seite und flüsterte: „Auf dieser Insel geht es nicht mit rechten Dingen zu, Besucher seien nicht zurückgekehrt und Fischer hätten furchterregende Schreie gehört."

In der Nacht schlief ich unruhig, mir ging der gestrige Tag nicht aus dem Kopf. Ich war früh wach und beschloss, mir die Insel anzusehen.

Der einzige Fährmann weigerte sich anfangs, mich hinüber zu fahren. Er sagte: „Glauben Sie nicht an das Gerede der Leute, außer ein paar Ziegen und Kaninchen gibt es dort nichts."

Ich ließ nicht locker, für den doppelten Fahrpreis war er bereit, mich überzusetzen. Er erklärte, dass er weder mit mir an Land gehen, noch auf mich warten könne. Das Wetter verschlechtere sich, und er wollte vor dem Sturm zurück sein.

Die See wurde unruhiger und der Schiffer hatte Mühe, das kleine Boot auf Kurs zu halten. Endlich kam die Insel in Sicht. Der Fährmann legte an, ich stieg mit zittrigen Beinen an Land und war froh, wieder festen Boden unter den Füßen zu haben. Wir verabredeten, dass er mich am nächsten Tag zur gleichen Zeit wieder abholen würde.

Ich sah dem Boot nach und machte mich mit einem unguten Gefühl auf den Weg ins Innere der Insel. Ich stieg über Geröll und mit niedrigem Buschwerk bewachsenen Boden, kletterte über Dünen, schreckte Vögel auf und lief durch einen kleinen Wald.

Das Eiland schien größer zu sein, als ich erwartet hatte. Ich hörte das Rauschen der See wieder näher und vermutete, dass ich im Kreis gelaufen war. Der lange Weg hatte mich hungrig gemacht. Ich suchte mir an einem Hügel einen mit Gras bewachsenen Platz, aß und trank etwas und schlief ein.

Im Traum sah ich ein schwarze Katze, die vor mir saß und mich drohend ansah. Über den glühenden Augen hatte sie einen weißen Fleck. Sie fletschte die Zähne, fauchte, fuhr die Krallen aus und schlug nach mir. Ich versuchte sie zu verscheuchen, aber vergebens. Ein frischer Luftzug befreite mich aus der Not, ich wurde wach und sah die Katze zwischen den Büschen verschwinden. Einer Eingebung folgend, ging ich in die gleiche Richtung. Der Himmel hatte sich zugezogen, der Wind wurde stärker, und mir war klar, dass das Unwetter näher kam.

Vor mir lag ein gepflasterter, mit Gras bewachsener Weg. Ich kletterte über Geröll und Bauschutt und sah die Türme einer Kirche, verlassene Häuser, die grau vor sich hin dämmerten. Einige Türen standen offen, und ich sah düstere Flure, in denen Spinnen ihre Netze gespannt hatten.

Plötzlich hörte ich ein lautes Rauschen und Krächzen. Ein Schwarm schwarzer Vögel kreiste über mir. Einen Moment spielte ich mit dem Gedanken, zur Küste zurückzukehren und auf den Schiffer zu warten. Schließlich siegte meine Neugierde und ich setzte meinen Weg fort. Bald stand ich vor der Kirche, die ungewöhnlich groß war. Die riesige Tür war mit bronzenen Löwenköpfen verziert, die Farbe abgeblättert und mit einer dicken Staubschicht überzogen.

Ich rüttelte an der rostigen Klinke, aber ohne Erfolg. Dann ertönte ein lautes Quietschen und die Tür sprang auf. Vor mir lag ein großer Innenraum. Ich schaute hinauf zu dem gotischen Gewölbe, aus dem Gesteinsbrocken herabgestürzt waren.

Der Boden war mit einer dichten Staubschicht bedeckt. Die bunten Fenster waren zerbrochen, durch das geborstene Dach schaute der Abendhimmel.

Ich stieg über Schutt und zerbrochene Bänke und schaute mich um, als plötzlich Orgelmusik ertönte. Die Katze, die mir den Weg gezeigt hatte, spielte das Instrument.

Sie unterbrach ihren Lauf und schaute mich mit feurigen Augen an. Nach einer Weile spielte sie weiter und es erklangen Walzer und Tango-melodien.

Ein Schwarm schwarzer Vögel flog durchs Dach und kreiste über mir. Die Orgeltöne verstummten, und ich schaute mich weiter um. In der einzigen unbeschädigten Bank saß eine dunkle Gestalt. Ich trat näher und sah eine alte Frau, die dort ins Gebet versunken hockte. Ich griff zum Fotoapparat und schoss einige Bilder.

Die Betende schien mich nicht wahrgenommen zu haben. Vorsichtig kam ich näher und schaute ihr ins Gesicht. Entsetzt wich ich zurück. Leere Augen eines Totenkopfes starrten mich an. In panischer Angst lief ich hinaus, lehnte mich an die Kirchenmauer und atmete tief durch. Nachdem ich mich beruhigt hatte, ging ich zurück in das Gotteshaus. Das Licht verging jetzt schnell, ich nahm meine Taschenlampe und setzte vorsichtig tastend meinen Weg fort.

Das große Kruzifix war heruntergestürzt, der Korpus hatte sich gelöst und lag wie im Todesschmerz gekrümmt über dem Altar. Im Schein des Lichtkegels sah ich, dass frisches Blut aus den Wunden floss. Die Katze huschte an mir vorbei und leckte am Blut. Mir liefen heiße und kalte Schauer über den Rücken. Ich rieb mir die Augen, merkte, alles hier erlebte ich tatsächlich.

Ich ging weiter und sah am Aufgang zur Kanzel eine große Gestalt stehen, vermutlich den Pfarrer. Ich ging auf ihn zu und sagte: „Hallo", aber er reagierte nicht. Dann geschah etwas Unglaubliches. Das Wesen drehte sich zu mir um, verlor das Gleichgewicht und stürzte krachend zu Boden. Ein kahler Schädel rollte durch den Schmutz.

Ich hielt den Atem an, zitterte am ganzen Körper und rannte ins Freie. Jetzt reichte es mir. Ich rannte zurück zur Küste. Mehrmals stolperte ich, stürzte, rappelte mich auf und lief weiter. Am Strand war es bitter kalt, der Sturm tobte und die See grollte.

In Ufernähe fand ich einen windgeschützten Ruheplatz. Ich verzehrte ein wenig von meinem Proviant und kroch in meinen Schlafsack. Obwohl ich todmüde war, konnte ich nicht einschlafen. Immer wieder gingen mir die Ereignisse der letzten Stunden durch den Kopf.

Die Wellen dröhnten in mir und es knackte überall im Gehölz. Ein Lichtschein kam auf mich zu. Ich schälte mich erleichtert aus meiner Hülle, froh nicht mehr allein zu sein und rief: „Können Sie mir sagen, ob es hier auf der

Insel eine Hütte gibt, in der ich übernachten könnte?"

Ein Skelett mit einer im Wind schaukelnden Petroleumlampe kam auf mich zu. Hinter ihm näherten sich weitere Knochengestalten und bauten sich drohend vor mir auf. Im fahlen Licht des Mondes leuchteten die weißen Schädel, und schwarze Höhlen starrten mich an. Klappernde Arme griffen nach mir, ich wich zurück und schrie: „Nein, lasst mich in Frieden, ich wollte die Totenruhe nicht stören. Ich verschwinde von der Insel und komme bestimmt nicht wieder." Mit meiner Taschenlampe versuchte ich, sie abzuwehren. Dann konnte ich einen abgebrochenen Ast ergreifen und schlug in letzter Verzweiflung auf sie ein. Die Gestalten zerfielen und zurück blieb ein Haufen bleicher Knochen.

Schweißüberströmt erwachte ich, stand auf und sah mich um. Die Insel lag friedlich im milden Morgenlicht. Neben mir sah ich einen Hügel vermoderter Knochen, der teilweise mit Gras bewachsen war. In einiger Entfernung saß die Katze mit dem weißen Fleck und musterte mich neugierig. Dann lief sie vor mir her und schien mit mir nach dem Boot Ausschau zu halten.

Lange brauchte ich nicht zu warten, der Fährmann war pünktlich und ich ging erleichtert an Bord. Als ich zurückschaute, sah ich die Katze in den Büschen verschwinden.

„Und, wie war es auf der Insel?", fragte er mit besorgtem Gesicht.

„Schön", antwortete ich, „Sie hatten recht, dort gibt es nur Ziegen und Kaninchen!"

Rabenwetter

Ich schaute zum Himmel und erschrak. Dunkle Wolkenberge hingen so tief, dass sie jeden Moment die Erde zu erdrücken schienen. Rabenschwärme zogen unheilvoll krächzend ihre Runden und stürzten sich auf ein Stoppelfeld. Ein Sturm kam auf und brauste durch die Bäume, die ihre kahlen Zweige in die Höhe zu strecken versuchten.

Mit großer Anstrengung bahnte ich mir meinen Weg, immer bemüht, nicht die Balance zu verlieren. Mein Mantel blähte sich auf wie ein Ballon.

Die kalte Luft trieb mir Tränen in die Augen. Schon öffneten sich die Schleusen und es goss in Strömen. Im Nu verwandelte sich der Feldweg in ein reißendes Gewässer, das mich hinweg zu spülen drohte.

Nach kurzer Zeit stand ich bis zu den Knien im Wasser und wankte wie ein Schilfrohr im stürmischen See.

Mit einem Satz erreichte ich die rettende Böschung und breitete die Arme aus. In meinem schwarzen Mantel, mit Baskenmütze und dunkler Hornbrille sah ich aus wie ein großer

Vogel. Das schienen auch die Raben zu meinen, die mich umschwärmten und einluden, sie zu begleiten.

Ich machte einige Flugbewegungen, wurde empor gehoben und die Welt unter mir wurde kleiner und kleiner.

Schau wie nach langer Sternennacht
das Licht erwacht
der Morgen seine Flügel ausbreitet
uns in die weite Landschaft hinausträgt
wir lassen uns von der milden Sonne umarmen
bald werden wieder Rosen duften
Insekten schwirren Vögel zwitschern

Umgeben von Rosenbeeten
sitze ich im duftenden Garten
lausche dem Konzert der Vögel
lasse mich von Insekten
und Faltern umschwärmen
summe Sommermelodien

Dialog mit dem Baum

Warum stehst Du hier?
Ich bin, weil ich bin.
Ich wachse, ergrüne, und erfreue Mensch und
Natur.

Möchtest Du Flügel haben?
Ich genieße die Erde auf der ich gewachsen.
Die Vögel, die in meinen Zweigen Nester
bauen, und die Hunde, die meinen Stamm
bepinkeln.

Möchtest Du ein Mensch sein?
Ich müsste meinen Standort verlassen und
möglicherweise folgenschwere Entscheidungen
treffen.
Ich möchte kein Unheil über die Welt bringen.

Möchtest Du gefällt werden und als Schrank
verarbeitet weiterleben?
Wer darf schon ewig leben ?

Hut im Sturm

Der alte Mann zieht seinen Hut
tief ins Gesicht stemmt seinen
schmächtigen Körper
mutig gegen den Wind
während der Regen
auf ihn niederprasselt
nestelt er an seinem Schirm
den der Sturm verbogen hat
eine neue Böe reißt ihm
den Hut vom Kopf
wie ein verlorenes Rad
rollt er über die Straße
und landet in einer Pfütze
dies sieht ein Kind lacht
bückt sich bringt den Hut zurück
beide freuen sich
und vergessen ist
für einen Moment
das triste Wetter

Die Amsel

Rindenmulch ist eine feine Sache, sagen die Gartenfreunde.

Auf die Beete gestreut, verhindert er Unkrautwuchs und hält den Boden feucht. Das Letztere wissen auch die Amseln, und noch mehr: Unter dem Mulch finden vielfältige, krabbelnde und kriechende Lebewesen ihre Heimat, eine reiche Futterquelle für alle Insektenfresser.

Immer wenn ich die Gartenwege gefegt hatte, war es wieder da, ein Amselpärchen, und scharrte den Rindenmulch durch die Gegend. Ich wurde wütend und wollte die lästigen Vögel vertreiben. „Wühlt woanders, ihr unordentlichen Gesellen!", sagte ich, aber ohne Erfolg. Er, der Schwarze mit dem gelben Schnabel, hüpfte dreist in einem Abstand von nur wenigen Zentimetern vor meiner Nase herum und starrte mich an, während sie, kleiner, braun, mit helldunkel gefleckter Kehle, sich vorsichtig im Hintergrund hielt.

Da geschah das Unglaubliche, die Amsel öffnete ihren Schnabel und sprach:

Mensch, gönne uns diesen Futterplatz
uns Amseln und dem kleinen Spatz
ihr habt völlig ungeniert
die Landschaft zubetoniert
bei eurer wilden Siedelei
sind wir Tiere euch einerlei
während ihr esst euer Brot
leiden wir Vögel bittere Not
Mensch, sei vernünftig, halte ein
lasse uns in deinem Garten sein
wir nehmen dir auch nichts weg
ignoriere doch das bisschen Dreck
Mensch, lasst uns Freunde sein
wir laden dich zum Konzert ein
immer wenn der Tag versinkt
unser schönstes Lied erklingt

Reumütig nickte ich, setzte mich am Abend auf die Terrasse und lauschte dem melodischen Flötenkonzert meiner Amsel. Ich war davon überzeugt, dass sie heute nur für mich sang.

2

Mord in den Dünen

Mord in den Dünen

Es geschah in den Dünen an einem stürmischen Tag auf der Insel Langeoog. Heftige Böen wühlten das Meer auf und jagten dunkle Wolken über den Himmel. Es war ausgesprochen diesig an diesem ungemütlichen Herbsttag.

Klaas, der Strandwärter, saß in seiner Hütte und bemühte sich verzweifelt, ein Kreuzworträtsel zu lösen. An diesem kaltem Tag war nicht viel los am Strand. Die Touristen verkrochen sich bei diesem Höllenwetter lieber in ihren warmen Stuben oder bevölkerten die zahlreichen Kneipen des Inseldorfes.

Klaas blickte gelangweilt aus dem kleinen Fenster seiner Holzhütte, und seine Augen folgten dem Flug der Möwen. Er zog den Kragen seines dicken Norwegerpullovers dichter zum Hals, es fröstelte ihn. Dann griff er hinter sich und gab dem alten eisernen Bollerofen ein paar Holzscheite, als neue Nahrung. Ein steifer Grog, dachte er, würde ihn etwas aufwärmen.

Während er darauf wartete, dass das Wasser in dem verbeulten Aluminiumtopf auf dem Ofen heiß wurde, schaute er routinemäßig immer mal wieder hinaus auf den Strand. Plötzlich erschrak er. Er erblickte eine seltsame dunkle Gestalt, die direkt auf die Hütte zuzukommen schien. Ein großer, hagerer Mann, bekleidet mit einem verwaschenen Trenchcoat und einem schwarzen Hut auf dem Kopf, kämpfte sich leicht gebückt durch den Sturm.

Der Mann hielt den Hut mit einer Hand fest und zog ihn tief ins Gesicht hinein. Klaas konnte sein Gesicht deshalb nur schemenhaft erkennen. Der Mann kam näher und näher. Dann ging er mit schnellen, großen Schritten an der Hütte vorbei und verschwand in den Dünen.

Seltsam, dachte Klaas, irgendwie ist dieser Mann unheimlich. Er hat sich immer wieder umgeschaut, als wenn er verfolgt würde. Der Strandwärter erhob sich schwerfällig von seinem alten Holzstuhl und beschloss, vor dem Grog noch einen Strandrundgang zu machen.

Klaas griff zum Telefon und wählte die Nummer seines Freundes Sören, der an einem anderen Strandabschnitt Dienst tat. Er wollte Sören über seine Beobachtung informieren, aber dieser meldete sich nicht. Klaas stieß die Hüttentür auf und trat ins Freie.

Bei diesem Sturm konnte er sich nur mit Mühe auf den Beinen halten. Fast hätte ihn eine kräftige Böe umgerissen. Der Wind trieb ihm feinen Sand in die Augen, die zu tränen begannen und ihm fast die Sicht nahmen.

Klaas schloss kurz die Augen und überlegte, ob er in die Richtung gehen sollte, in die der Hagere gegangen war. Er entschloss sich, in die Richtung zu gehen, aus der der Fremde gekommen war.

Der Strandwärter überquerte den Dünenweg und folgte den Fußspuren in die Dünen hinein. Ungewöhnlich große Schuhe hat der Mensch getragen, dessen Spuren ich zurückverfolge, dachte Klaas.

Plötzlich blieb er stehen. Vor seinen Augen war der Dünenhafer komplett niedergetreten. Er dachte sich, das sieht so aus, als wenn hier ein Kampf stattgefunden hat. Der Sand war an dieser Stelle nicht vom Wind getrocknet, sondern feucht und es sah wie frisch umgegraben aus.

Klaas trat näher und erblickte, halb in den Sand getreten, einen Schlüsselanhänger. Und hier waren überall die großen Fußspuren, denen er von seiner Hütte aus gefolgt war. Er bückte sich und hob den Fund auf. In Chrombuchstaben blinkten ihm die Initialen D. P. entgegen.

Seltsam, dachte Klaas und wühlte mit seinen Stiefeln den feuchten Sand auf. Plötzlich stockte ihm der Atem. Er konnte es nicht fassen. Im Sand vergraben lag eine Leiche. Es war eine Frau. Trotz ihres bleichen Gesichts und des starren Blicks der Toten erkannte er sofort, wer diese Frau war. Es war Dorith Peterson, die Inhaberin des „Wikingers", des einzigen Nachtlokals auf der Insel. Eine fröhliche Frau, die mit ihrem anziehenden Wesen die Männer scharenweise in ihr Lokal lockte.

Jeder auf der Insel hatte sie gemocht, denn sie war immer freundlich und hilfsbereit. Alle nannten sie nur „Dorith" und hatten großen Respekt vor ihr. Klaas rannte in Panik zurück zu seiner Hütte und alarmierte Sören, der diesmal das Telefon abnahm.

Sören versuchte in Windeseile, den Inselpolizisten Kuddel aufzutreiben. Kuddel war mal wieder nicht in der Amtsstube, sondern stand in seiner Stammkneipe am Tresen. Mit hochrotem Kopf und schiefsitzender Krawatte schwang sich Kuddel auf seinen uralten Drahtesel und radelte zum Tatort.

Dann ging alles sehr schnell. Der Inselarzt und die Kripo wurden verständigt, und kurze Zeit später wimmelte es am Strand vor Menschen. Hubschrauber landeten, Polizeibeamte liefen hin und her und sperrten schließlich den Strandabschnitt. Die Spurensicherung begann mit ihrer Arbeit. Der Arzt konnte nur noch den Tod feststellen. Sie war erwürgt worden.

Ihr ganzer Schmuck, den sie immer bei sich trug, war verschwunden. Klaas berichtete der

Polizei von seinen Beobachtungen, von dem unheimlichen Hageren, der sich so seltsam verhalten hatte.

Die Polizei durchkämmte die ganze Insel, überprüfte alle abfahrenden Fährschiffe, aber ohne Erfolg. Auch ein Aufruf an die Inselbewohner und Gäste brachte keine brauchbaren Ergebnisse. Der verdächtige Fremde blieb verschwunden.

Einige Wochen später, als die Aufregung wegen des Mordes auf der Insel der Normalität gewichen war, und die tote Dorith auf dem Dünenfriedhof ihre letzte Ruhe gefunden hatte, nahm Klaas seinen freien Tag. Er beschloss ans Festland zu fahren, um mal etwas anderes zu sehen.

Klaas kaufte sich eine Fährkarte und schloss sich den auf die Öffnung des Zugangs zur Fähre wartenden Touristen an. Plötzlich verschlug es ihm den Atem. Mitten in einer Gruppe von Wartenden erkannte er den Hageren vom Strand.

Als der Zugang zur Fähre geöffnet wurde, folgte Klaas dem Verdächtigen, der sich in der äußersten Ecke des Unterdecks an einem freien Tisch niederließ. Klaas lief schnell zum Kapitän und informierte ihn über seinen Verdacht.

Kurze Zeit später ergriffen vier kräftige Bootsmänner den Hageren und sperrten ihn in den Laderaum der Fähre. Dieser war so überrascht, dass er keine Gegenwehr leistete.

Die Wasserschutzpolizei nahte mit einem Schnellboot vom Festland, stoppte die Fähre und nahm an Bord ein erstes Verhör vor. Bei der Durchsuchung der Taschen des Verdächtigen wurden die Beamten fündig. Der ganze Schmuck der Dorith Peterson wurde bei dem Hageren gefunden.

Es dauerte nicht lange, bis der Mann ein Geständnis ablegte. Er gab zu, Dorith, die er aus dem Nachtlokal kannte, aus Habgier erwürgt zu haben.

Klaas hatte die Vorgänge an Bord aus der Ferne beobachtet. Zufrieden verließ er das Unterdeck und begab sich an die Schiffsbar, um sich ein langersehntes Glas Bier zu genehmigen.

Sonnenaufgang

Grau und ruhig liegt das Meer, nur das Rau-
    schen der Wellen belebt die
Stille der Nacht. Der Mond und Millionen glit-
    zernder Sterne
wachen über der schlafenden Welt.
Unendlich langsam tauchen rote Streifen am
    Horizont auf, und etwas später
huscht erste Helligkeit über den Himmel.
    Hellgrau lugt der Morgen
durch Wolkenfetzen und aus der Tiefe steigt
    eine rote Kugel.

Die Luft ist plötzlich vom Zwitschern und
    Schnattern vieler Vögel
erfüllt. Ein frischer Wind zieht durch die Pal-
    menblätter, die raschelnd
den neuen Tag begrüßen. Der Ball erglüht zur
    goldenen Scheibe
und streut wohlige Wärme über die Landschaft.
Blau und türkis leuchtet das Meer und schaukelt
    einen alten Kahn.

Später Besuch

Es war wieder verteufelt spät geworden. Ich öffnete die Wohnungstür leise, um meine Frau nicht zu wecken und schlich durch die Diele. Erschrocken hielt ich inne. An der Garderobe hingen Kleidungsstücke, die ich nicht kannte. Ich sah einen langen, schwarzen Mantel, einen großen Hut, einen weißen Schal und einen Gehstock mit silbernem Knauf. Wer war zu Besuch gekommen? Hatte meine Frau einem hochrangigen Politiker oder einem angesehenen Advokaten geöffnet, der es sich nicht nehmen ließ, geduldig auf mich zu warten? Ich warf einen Blick in den Spiegel und sah in ein müdes Gesicht, dem nur ein gequältes Grinsen zu entlocken war. Eilig ordnete ich meine Krawatte, strich mir übers Haar und betrat das Wohnzimmer. In meinem Sessel saß ein mit Frack und Fliege bekleideter, älterer Herr. Es war Johannes Heesters, der zu meiner Begrüßung lächelnd aufstand und schmetterte: „Jetzt gehen wir ins Maxim!“ Ich rief: „Oh Gott, da komm ich doch gerade her!“, und ging mit ausgestreckter Hand auf ihn zu. Meine Frau nahm mich beim Arm und sagte: „Es ist schon spät, mein Schatz. Komm, wir gehen schlafen“, und löschte das Licht.

Was sonst

Bring den Müll raus
nimm die Hunde an die Leine
aber nicht in die Grünanlagen
du weißt schon
nimm einen Schirm mit
aber nicht meinen Neuen
nachher zieh die Schuhe aus
trag nicht den Schmutz ins Haus
sonst ist der Ofen aus

Frage nicht wer
du bist – nur Schein
ein Stein, der von dir spricht
Wind, der deine Gedanken trägt
ein Vogel, der von dir singt
Tränen auf der Regenscheibe

Heute ist er körperlos
in den Lüften unterwegs
wartet sein Leib
in schwarzer Erde
reist er durch die Wolken
begleitet den Mond
in sternenklarer Nacht
sehe ich manchmal
sein Licht

Geistsein

Im Schlaf spricht
der Körper zieht Schleifen
durch deine Träume
regt sich der Geist
klettert durchs Fenster
zieht mit dem Mond
über die Dächer
rastet an Schornsteinen
rüttelt die Antennen
schleicht sich
im Morgengrauen heim

Unser Mond

Schaut mit pausbäckigem Gesicht
leiht sich Licht für die Nacht
zählt die anvertrauten Schornsteine
pendelt vor schlafenden Fenstern
trifft die Sterne zum Tanz
reitet als halbierter Apfel
durch Wolkenberge
schaut durch graue Vorhänge
getarnt als Zitronenscheibe
schaukelt er seine Liebste
in die Träume

Der Mond versteckt sich
im Nebelgrau Sterne verschwinden
in den Nischen Reste von Schnee
du schaust auf spiegelnde Straßen
Laternen verschenken spärliches
Licht jemand huscht über die Felder
du hörst Hundegebell der Wind
fährt uns durchs Gesicht
siehst mich in die Knie gehen
mein Hut macht sich davon

Entfesselte Natur

Regenreich diese Tage aus dunkler Wolkenfront
ergießen sich gewaltige Fluten
Bäche treten über die Ufer Staudämme brechen
Flüsse verschlingen ganze Orte
Wasser soweit das Auge reicht
Autos Straßen Häuser verschwinden
Gerölllawinen begraben alles unter sich
Helfer kämpfen verzweifelt
um jedes Menschenleben

3

Land unter

Land unter

Es war in der Zeit, als Bäche und Flüsse über die Ufer traten und ganze Landstriche verschluckten, Häuser unbewohnbar machte und das Leben vieler Menschen bedrohte.

Ein junger Mann hatte seine überschwemmte Wohnung verlassen müssen und sich mit seinen Habseligkeiten in ein altes Ruderboot gerettet, das herrenlos in einer überfluteten Dorfstraße trieb.

Langsam ruderte er an den verlassenen Häusern vorbei. Als er an das viele Leid dachte, das die Naturgewalten angerichtet hatten, traten ihm Tränen in die Augen.

Seine Gedanken waren plötzlich bei seinen Eltern, die ein Stück flussabwärts wohnten. Ob sie sich rechtzeitig in Sicherheit bringen konnten, fragte er sich.

Es war ihm trotz intensiver Bemühungen nicht gelungen, sie zu erreichen, da die Telefonleitungen defekt waren, und jetzt war er auf dem Weg zu ihnen.

Immer wieder schaute er zu den Häusern, an denen er vorbei ruderte. Ihre Erdgeschosse waren überflutet und sie schienen alle verlassen zu sein.

Dann blickte er zur anderen Seite hinüber, dorthin, wo sich früher grüne Wiesen und Auen bis hinunter zum Fluss ausbreiteten. Jetzt spannte sich hier eine schier unendliche, schmutzigbraune Wasserfläche, die durch den aufkommenden Wind bewegt wurde. Aus dieser Seenlandschaft lugten lediglich einige Baumwipfel hervor.

Der Regen hatte nachgelassen und es war beklemmend still. Nur das leise Glucksen des Wassers und mitunter scheppernde Geräusche, die beim Aufprall von schwimmenden Gegenständen entstanden, waren zu hören.

Keine Stimmen, nichts deutete auf die Anwesenheit von Menschen hin. Doch plötzlich vernahm er Laute und hielt einen Moment inne. Da war es schon wieder, das war doch eine heiser klingende, flehende Stimme.

Sie musste von irgendwo da oben kommen. Er schaute auf und dachte, oh Gott, da ist doch noch jemand. Im ersten Stockwerk eines Hauses stand eine alte Frau im Fenster. Sie hielt ein Kind im Arm und winkte ihm zu.

Sofort wendete er das Boot und ruderte auf das Haus zu. Jetzt hörte er die Stimme lauter: „Hilfe, Hilfe", rief die Alte verzweifelt.

Der junge Mann vertäute das Boot an einem Regenrohr und schaute durch die offene

Haustür. Das Treppenhaus stand unter Wasser und war nicht benutzbar. Während er noch überlegte, wie er hinauf zu den beiden gelangen könnte, wanderte sein Blick an der Hausfassade entlang.

Er stutzte, als er eine dort befestigte alte Holzleiter entdeckte. Ja, so könnte es gehen, dachte er, und zog das schwankende Boot näher an das Haus heran. Er erhob sich, und es gelang ihm, die Leiter aus ihrer Halterung zu lösen. Er hievte sie auf einen Mauervorsprung und richtete sie zum Fenster des ersten Stockwerkes auf.

„Das wird aber eine wackelige Angelegenheit!", rief er und kletterte mit zittrigen Knien die Leiter empor. Er nahm das Kind, das ihm die Alte entgegenstreckte, und trug es behutsam hinunter ins Boot.

Als er die Frau aufforderte, die Leiter zu besteigen, kreischte sie: „Nein, nein, ich habe Angst, ich ertrinke."

Er kletterte ihr entgegen, und nach längerem Zureden gelang es ihm, sie zu sich auf die wankende Leiter zu bugsieren. Sie schrie und klammerte sich an ihn. Die Leiter knirschte unter der doppelten Last gefährlich und fast wären sie abgestürzt.

Behutsam löste sich der junge Mann von der Frau und führte ihre Hände zu den Leitersprossen, die sie hastig umklammerte. Er stieg vor ihr hinab und stützte sie mit seiner freien Hand am Po, bis ihre Füße die Bootsplanken erreicht hatten.

Die Alte ließ sich erschöpft auf die Bank fallen und nahm das Kind, das mit angstvollem Blick regungslos auf dem Boden des schwankenden Bootes kauerte, in die Arme.

„Omi, Omi", wimmerte das Kind, und vergrub den Kopf im Schoß der Frau. Sie drückte das Kind fest an sich und sagte immer wieder leise: „Es ist ja gut, alles ist gut", und zu ihrem Retter gewandt: „Danke, danke!"

Der Mann sagte erleichtert: „So, das wäre geschafft, jetzt aber nichts wie weg, denn die nächste Flutwelle lässt sicher nicht lange auf sich warten." Er griff in die Ruder und bewegte das Boot schnell vorwärts.

Die Alte jammerte plötzlich: „Oh Gott, meine Tasche, ich habe meine Tasche vergessen." Als der junge Mann sie verständnislos anschaute, fügte sie hinzu: „In der Tasche sind Medikamente für das Kind."

„Ich hole sie!", rief er, wendete das Boot mit kräftigem Schlag und ruderte zurück. Wieder band er es an dem Regenrohr fest, wo es in der Strömung vor sich her dümpelte. Dann schaute er zum Haus empor und überlegte, wie er hinauf in das erste Stockwerk kommen könnte, da die Leiter nicht mehr da war. Er dachte, die ist wohl ins Wasser geglitten und abgetrieben worden, also bleibt mir nur der Weg über das Regenrohr. Er prüfte die Verankerung und fragte sich, ob die wohl halten wird?

„Ich muss es versuchen", sagte er, kletterte vom Boot hinüber zum Regenrohr und zog sich mit kräftigen Zügen daran hoch.

Fast hatte er das Fenster erreicht, als die Verankerung, auf der seine Füße Halt gefunden hatten, knirschte und sich aus der Mauer zu lösen begann.

Blitzschnell packte er die Halterung über sich mit beiden Händen und hing einen Moment in der Luft. Aber auch dieser Anker hielt seinem Gewicht nicht stand.

Verzweifelt umklammerte er das Regenrohr und stürzte mit diesem laut aufschreiend hinab in die Fluten, die über ihm zusammenschlugen. Dann tauchte er wieder auf und versuchte, zum Boot zu schwimmen.

In diesem Moment rollte eine neue Flutwelle heran und riss ihn in die Tiefe. Die Alte beugte sich über den Bootsrand und starrte mit tränenleeren Augen zu der Stelle, an der soeben ihr Retter verschwunden war.

Aber er war nicht mehr zu sehen.

Das Wasser gurgelte und das Boot schaukelte gefährlich in der Flutwelle. Die Frau klammerte sich verängstigt an die Bordwand, hielt das Kind im Schoß und betete.

So fanden sie die Rettungskräfte nach einigen Stunden.

Der junge Mann wurde einige Tage später flussabwärts an einem Wehr tot gefunden.

Es ist der Wind der wilde Wind
der zum Sturme reift
er pfeift durch die Gassen
schaukelt Laternenmasten
legt Verkehrsschilder um
schiebt Tische Stühle
in die Nischen wirbelt
über die Felder fällt Bäume
treibt uns vor sich her
macht sich irgendwann
aus dem Staube

Durch den Wind floh das Kind
schreiende gröhlende Horden
Steinschleudern Knüppel
Spucke Schweiß Auge um Auge
Dorf gegen Dorf Freund oder Feind
der Schutzmann wandte sich ab
Vater tadelte Mutter pflasterte die Wunden

Es war der Tag
an dem die Sonne
früh aus den Federn kroch
der Hund mit dem Himmel lachte
auf der Bank der Alte
Zaungast beim kindlichen Spiel
der Ball touchierte die Blumenbeete
rollte kopflos auf die Straße
quietschender Asphalt
Blut an dem Tage
als das Lachen verloren ging

Der Dichter streift
durch seinen Gedankengarten
pflückt hier einen Zweig
flüstert da einen Vers
schnuppert an einer Rose
lässt sich mit den Vögeln treiben
verliert Worte, lauscht dem Echo
wendet das Blatt, wirft einen Stein

Dichters letzte Station
Landvermessung mit
betrübtem Augenmaß
Zug um Zug
fliegen taufrische Zeilen
in Gegenrichtung davon
irritierte Worte suchen
im Gepäckwagen Zuflucht
Zweifel nagt wie Rost
an den Schienen
nach lähmendem Halt
gewinnt der Stift an Fahrt
folgt dem Flug der Gedanken
Text belichtet das Blatt
an der letzten Station
sinkt Dichters Kopf
in atemlose Leere

Hunde-los

Mit den Wölfen hast du geheult
dich in manchen Knochen verbissen
trottest heute abgenagte Wege
leckst die wundgelaufenen Pfoten
fremd fährt das Schweigen
durchs verschorfte Fell
was stört dich noch fernes Gebell
im Revier jagen jetzt
andere hinter den Hasen her
nur in deinem Greisentraum
ist für die Liebe Raum
bald wird man fragen:
„Wo liegt der Hund begraben?"

November

Noch sind die Lämmer auf der Weide
über Stoppelfelder kreist der Wind
Jäger beäugen das äsende Wild
die Schwarzweißen ruhen im
welkenden Gras auf der Koppel
warten die Rösser Maiskolben
reifen in raschelnden Stauden
Rübenberge wachsen

Können Worte, die ich schreibe
neue Wege weisen
Tag und Nacht erfinde ich neue
male die Fluten des Himmels
die mich zu vernichten drohen
zeichne Türme und Brücken
lasse die Sonne mit blitzendem Besen
die Schatten der Nacht aus den Nischen fegen
schüttele den Kopf wenn der Wind
wie ein Vagabund in einem Winkel
alte Zeitungen liest hastig
mit wachsender Neugier umblättert

Waldfrieden

Waldfrieden

Im Mischwald flirten die Vögel
auf den Wegen heben kräftige
Wurzelarme den sandigen Boden
Königsfarn erobert die Lichtungen
an den Hängen blühen Brombeeren
im Schatten des Weges ein Gedenkstein
erinnert an die sechzehnjährige
Laura Klinkenberg aus Walhorn,
die dort 1908 ermordet
aufgefunden wurde
der Hochwald schweigt
im Dämmerlicht

Birken Buchen alte Eichen
strecken ihre Kronen ins Blau
der Wind fächert die Blätter
hörst du das Wispern der Gräser
Disteln und Farne
die Stimmen der Vögel
im dichten Laub

Totenehrung

Das letzte Laub fällt
sie ehren wieder die Gefallenen
nie wieder Krieg, raunt der Invalide
eine Taube gurrt in der Denkmalnische
der Militäreinsatz wurde ausgeweitet
sagt der Nachrichtensprecher
im Nachbarhaus schreit eine geprügelte Frau
gehet in Frieden, wünscht der Pfarrer
wenn das Schwein geschlachtet ist,
feiern wir ein Fest, freut sich der Fahnenträger
die Taube flieht, das Laub raschelt

Es kommt eine andere Zeit
neuer Wind weht – Wolken löschen Licht
Pfarrer predigen – leeres Gelächter
aus heiligen Hallen – Macher von gestern
fegen die Bühne – der Staub wird dichter
Lärm bringt die Gedanken zum Schweigen
es riecht nach Abbruch
wir haben den Willen aber keine Wahl
nehmen Abschied aus der verbrauchten Welt
besteigen die letzte Fähre

Die Erde zürnte wehrte sich
ließ die Temperatur steigen
Buschfeuer wüten
Stürme toben Meere steigen
die Erde wandte sich ab
weinte um unser Leben

Shalom

An diesen Tagen
zermalmen Geschosse Häuser
Staubwolken schlucken die Sonne
Panzerketten lassen die Erde beben
geballte Fäuste recken sich
Raketen treffen die verängstigte Seele
im Kanonendonner irrt ein Kind umher
Diplomaten üben sich in Ratlosigkeit
die Wüste schluckt viel Blut
an diesen Tagen

Corona marsch die Grenzen offen
Abstand ist ein schönes Wort
Angstaugen überm Maskenrand
und sie feierten sich zu Tode
stille Fracht mit dem schwarzen Wagen
letzter Ruheplatz im Schweigepark
umsonst ist nicht der Tod
sie zahlen die Zeche mit kalter Hand
bleibt nur die Hoffnung

Hab acht
das Leben läuft an dir vorbei
alles sprießt alles blüht
schon bald werden braune Blätter fallen
du läufst solange der Atem reicht
irgendwann lässt du es laufen
hältst inne blickst zurück

Nicht mehr warten

Ich bin zu alt – um nur zu warten
leben möchte ich – jetzt
durch blühende Gärten laufen
auf duftenden Wiesen lagern
Wolkenschäfchen zählen
mit dem Wind verbünden
zwischen den Bäumen aufbäumen
vom Mond heimleuchten lassen
– nicht mehr warten
bis meine Zeit vertickt
– später ist jetzt

Herr es wird Zeit
zieh die Notbremse
alle Signale auf Rot
hol die Kinder von der Straße
klapp die Bürgersteige hoch
leg einen Schatten auf die Sonnenuhren
bring die Vorräte in die Scheune
lass die Winde los

Nächtlich

Schatten gleiten aus den Bäumen
hinter blinden Scheiben
regiert barmherziger Schlaf
Silberlicht schreibt deinen Namen
auf schillerndes Pflaster
Sternenschauer spiegeln
schwere Schritte hallen
die Katze flieht in die Stille

Verzeichnis aller Gedichte

1 | **Haus in den Dünen**

Haus in den Dünen   11
Das Geheimnis der Insel   12
Rabenwetter   20
Schau wie nach langer Sternennacht   22
Umgeben von Rosenbeeten   23
Dialog mit dem Baum   24
Hut im Sturm   25
Die Amsel   26

2 | **Mord in den Dünen**

Mord in den Dünen   31
Sonnenaufgang   37
Später Besuch   38
Was sonst   39
Frage nicht   40
Heute ist er körperlos   41
Geistsein   42
Unser Mond   43
Der Mond versteckt sich   44
Entfesselte Natur   45

3 | Land unter

Land unter   49
Es ist der Wind   55
Durch den Wind   56
Es war der Tag   57
Der Dichter streift   58
Dichters letzte Station   59
Hunde-los   60
November   61
Können Worte, die ich schreibe   62

4 | Waldfrieden

Waldfrieden   67
Birken Buchen   68
Totenehrung   69
Es kommt eine andere Zeit   70
Die Erde zürnte   71
Shalom   72
Corona marsch   73
Hab acht   74
Nicht mehr warten   75
Herr es wird Zeit   76
Nächtlich   77

Peter J. Heuser

»Land – Stadt – Leute«

Gedichte für heute

Verlag BoD, Norderstedt 2020, 140 S., TB

ISBN 978-3-750433-34-2

Peter J. Heuser

»Wellenschlag – Flügelrauschen«

Meerische Gedichte

Verlag BoD, Norderstedt 2017, 100 S., TB

ISBN 978-3-744816-96-0

Peter J. Heuser
»Zeit für ... Gedichte«
CreateSpace 2015, 158 S., TB
Printed in Germany
ISBN 978-1-517247-97-3
Erhältlich bei www.amazon.de

Peter J. Heuser

ZEIT WEISE SICHT
WEISE SICHT ZEIT
SICHT ZEIT WEISE

GEDICHTE
Verlag Mainz

Peter J. Heuser
»ZEITWEISE SICHT, WEISE SICHT ZEIT,
SICHT ZEIT WEISE«
Gedichte
Verlag Mainz, Aachen 2013, 98 S., TB
ISBN 978-3-810701-66-4

Peter J. Heuser

»BLICKSINNIG – sta(d)tt liebe me(e)hr«

Gedichte

Verlag Mainz, Aachen 2011, 94 S., TB

ISBN 978-3-810701-12-1